LIBRO AGENDA DE LAS NIÑAS REBELDES 2020

 Planeta

Obra editada en colaboración con Editorial Planeta – España

Título original: *Good Night Stories for Rebel Girls School Planner*

Directora de arte: Giulia Flamini
Adaptación de portada: Carmen Gutiérrez Romero
Diseñadora gráfica: Annalisa Ventura
Cómic: Cristina Portolano
Diseño de interiores: Annalisa Ventura

© 2019, Timbuktu Labs, Inc.
Por Francesca Cavallo y Elena Favilli
(Derechos reservados en todos los países por Timbuktu Labs, Inc.)

© Editorial Planeta S.A.- Barcelona, España

Derechos reservados

© 2019, Editorial Planeta Mexicana, S.A. de C.V.
Bajo el sello editorial PLANETA M.R.
Avenida Presidente Masarik núm. 111, Piso 2
Colonia Polanco V Sección, Miguel Hidalgo
C.P. 11560, Ciudad de México
www.planetadelibros.com.mx

Primera edición impresa en España: julio de 2019

Primera edición impresa en México: septiembre de 2019
ISBN: 978-607-07-6186-7

Impreso en los talleres de Litográfica Ingramex, S.A. de C.V.
Centeno núm. 162, colonia Granjas Esmeralda, Ciudad de México
Impreso en México - *Printed in Mexico*

ESTA AGENDA
PERTENECE A:

NOMBRE Y APELLIDOS:

_____

_____

_____

DIRECCIÓN:

_____

_____

_____

2020

Ene		Feb		Mar		Abr	
1	Mi	1	Sá	1	Do	1	Mi
2	Ju	2	Do	2	Lu	2	Ju
3	Vi	3	Lu	3	Ma	3	Vi
4	Sá	4	Ma	4	Mi	4	Sá
5	Do	5	Mi	5	Ju	5	Do
6	Lu	6	Ju	6	Vi	6	Lu
7	Ma	7	Vi	7	Sá	7	Ma
8	Mi	8	Sá	8	Do	8	Mi
9	Ju	9	Do	9	Lu	9	Ju
10	Vi	10	Lu	10	Ma	10	Vi
11	Sá	11	Ma	11	Mi	11	Sá
12	Do	12	Mi	12	Ju	12	Do
13	Lu	13	Ju	13	Vi	13	Lu
14	Ma	14	Vi	14	Sá	14	Ma
15	Mi	15	Sá	15	Do	15	Mi
16	Ju	16	Do	16	Lu	16	Ju
17	Vi	17	Lu	17	Ma	17	Vi
18	Sá	18	Ma	18	Mi	18	Sá
19	Do	19	Mi	19	Ju	19	Do
20	Lu	20	Ju	20	Vi	20	Lu
21	Ma	21	Vi	21	Sá	21	Ma
22	Mi	22	Sá	22	Do	22	Mi
23	Ju	23	Do	23	Lu	23	Ju
24	Vi	24	Lu	24	Ma	24	Vi
25	Sá	25	Ma	25	Mi	25	Sá
26	Do	26	Mi	26	Ju	26	Do
27	Lu	27	Ju	27	Vi	27	Lu
28	Ma	28	Vi	28	Sá	28	Ma
29	Mi	29	Sá	29	Do	29	Mi
30	Ju			30	Lu	30	Ju
31	Vi			31	Ma		

2020

May		Jun		Jul		Ago	
1	Vi	1	Lu	1	Mi	1	Sá
2	Sá	2	Ma	2	Ju	2	Do
3	Do	3	Mi	3	Vi	3	Lu
4	Lu	4	Ju	4	Sá	4	Ma
5	Ma	5	Vi	5	Do	5	Mi
6	Mi	6	Sá	6	Lu	6	Ju
7	Ju	7	Do	7	Ma	7	Vi
8	Vi	8	Lu	8	Mi	8	Sá
9	Sá	9	Ma	9	Ju	9	Do
10	Do	10	Mi	10	Vi	10	Lu
11	Lu	11	Ju	11	Sá	11	Ma
12	Ma	12	Vi	12	Do	12	Mi
13	Mi	13	Sá	13	Lu	13	Ju
14	Ju	14	Do	14	Ma	14	Vi
15	Vi	15	Lu	15	Mi	15	Sá
16	Sá	16	Ma	16	Ju	16	Do
17	Do	17	Mi	17	Vi	17	Lu
18	Lu	18	Ju	18	Sá	18	Ma
19	Ma	19	Vi	19	Do	19	Mi
20	Mi	20	Sá	20	Lu	20	Ju
21	Ju	21	Do	21	Ma	21	Vi
22	Vi	22	Lu	22	Mi	22	Sá
23	Sá	23	Ma	23	Ju	23	Do
24	Do	24	Mi	24	Vi	24	Lu
25	Lu	25	Ju	25	Sá	25	Ma
26	Ma	26	Vi	26	Do	26	Mi
27	Mi	27	Sá	27	Lu	27	Ju
28	Ju	28	Do	28	Ma	28	Vi
29	Vi	29	Lu	29	Mi	29	Sá
30	Sá	30	Ma	30	Ju	30	Do
31	Do			31	Vi	31	Lu

2020

Sept		Oct		Nov		Dic	
1	Ma	1	Ju	1	Do	1	Ma
2	Mi	2	Vi	2	Lu	2	Mi
3	Ju	3	Sá	3	Ma	3	Ju
4	Vi	4	Do	4	Mi	4	Vi
5	Sá	5	Lu	5	Ju	5	Sá
6	Do	6	Ma	6	Vi	6	Do
7	Lu	7	Mi	7	Sá	7	Lu
8	Ma	8	Ju	8	Do	8	Ma
9	Mi	9	Vi	9	Lu	9	Mi
10	Ju	10	Sá	10	Ma	10	Ju
11	Vi	11	Do	11	Mi	11	Vi
12	Sá	12	Lu	12	Ju	12	Sá
13	Do	13	Ma	13	Vi	13	Do
14	Lu	14	Mi	14	Sá	14	Lú
15	Ma	15	Ju	15	Do	15	Ma
16	Mi	16	Vi	16	Lu	16	Mi
17	Ju	17	Sá	17	Ma	17	Ju
18	Vi	18	Do	18	Mi	18	Vi
19	Sá	19	Lu	19	Ju	19	Sá
20	Do	20	Ma	20	Vi	20	Do
21	Lu	21	Mi	21	Sá	21	Lu
22	Ma	22	Ju	22	Do	22	Ma
23	Mi	23	Vi	23	Lu	23	Mi
24	Ju	24	Sá	24	Ma	24	Ju
25	Vi	25	Do	25	Mi	25	Vi
26	Sá	26	Lu	26	Ju	26	Sá
27	Do	27	Ma	27	Vi	27	Do
28	Lu	28	Mi	28	Sá	28	Lu
29	Ma	29	Ju	29	Do	29	Ma
30	Mi	30	Vi	30	Lu	30	Mi
		31	Sá			31	Ju

2021

	Ene		Feb		Mar		Abr
1	Vi	1	Lu	1	Lu	1	Ju
2	Sá	2	Ma	2	Ma	2	Vi
3	Do	3	Mi	3	Mi	3	Sá
4	Lu	4	Ju	4	Ju	4	Do
5	Ma	5	Vi	5	Vi	5	Lu
6	Mi	6	Sá	6	Sá	6	Ma
7	Ju	7	Do	7	Do	7	Mi
8	Vi	8	Lu	8	Lu	8	Ju
9	Sá	9	Ma	9	Ma	9	Vi
10	Do	10	Mi	10	Mi	10	Sá
11	Lu	11	Ju	11	Ju	11	Do
12	Ma	12	Vi	12	Vi	12	Lu
13	Mi	13	Sá	13	Sá	13	Ma
14	Ju	14	Do	14	Do	14	Mi
15	Vi	15	Lu	15	Lu	15	Ju
16	Sá	16	Ma	16	Ma	16	Vi
17	Do	17	Mi	17	Mi	17	Sá
18	Lu	18	Ju	18	Ju	18	Do
19	Ma	19	Vi	19	Vi	19	Lu
20	Mi	20	Sá	20	Sá	20	Ma
21	Ju	21	Do	21	Do	21	Mi
22	Vi	22	Lu	22	Lu	22	Ju
23	Sá	23	Ma	23	Ma	23	Vi
24	Do	24	Mi	24	Mi	24	Sá
25	Lu	25	Ju	25	Ju	25	Do
26	Ma	26	Vi	26	Vi	26	Lu
27	Mi	27	Sá	27	Sá	27	Ma
28	Ju	28	Do	28	Do	28	Mi
29	Vi			29	Lu	29	Ju
30	Sá			30	Ma	30	Vi
31	Do			31	Mi		

MIS PROPÓSITOS

MIS PROPÓSITOS

MIS PROPÓSITOS

MIS PROPÓSITOS

MIS AMIGAS Y AMIGOS

_____

_____

_____

_____

_____

_____

_____

_____

_____

_____

_____

COSAS PARA RECORDAR

_____

_____

_____

_____

_____

_____

_____

_____

_____

_____

_____

ENERO

¡HASTA EL INFINITO!

«LAS HIJAS TAMBIÉN PODEMOS SER HEROICAS».

ILUSTRACIÓN DE
ANA GALVAÑ

WANG ZHENYI

Wang Zhenyi estaba obsesionada con la igualdad entre hombres y mujeres, y con la racionalidad. No podía soportar las supersticiones, como la idea de que los eclipses fueran el signo de la ira de los dioses. Así, construyó un pequeño sistema solar y demostró que el eclipse lunar se produce cuando la Luna cruza el cono de sombra de la Tierra.

NOTAS

_____

_____

_____

_____

FELIZ CUMPLEAÑOS

EUFROSINA CRUZ

01
ENERO
Miércoles

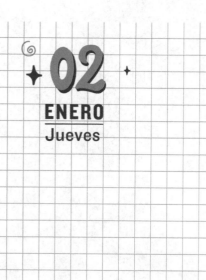

02
ENERO
Jueves

03
ENERO
Viernes

04
ENERO
Sábado

FELIZ CUMPLEAÑOS
MICHAELA DEPRINCE

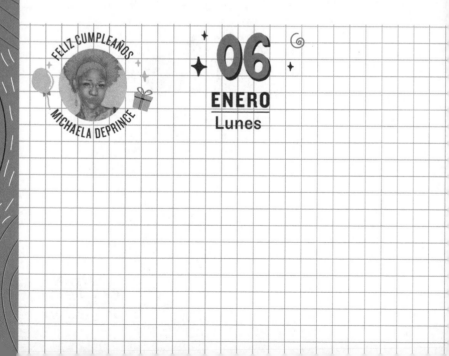

07

ENERO
Martes

«Descubre lo que quieres, enfréntate al
poder, vive sin límites».

VALERIE THOMAS
(astrónoma)

08
ENERO
Miércoles

GRACE O'MALLEY

PIRATA

DE PEQUEÑA, GRACE SOÑABA CON NAVEGAR POR LOS MARES CON SU FAMILIA.

LAS NIÑAS NO PUEDEN SER MARINERAS. ¡SER MARINERO ES PELIGROSO!

¡PERO YO NO LE TEMO AL PELIGRO!

IGNORANDO LAS ÓRDENES DE SU PADRE, GRACE SE CORTÓ EL CABELLO, SE VISTIÓ CON ROPA DE NIÑO Y SE EMBARCÓ.

09

ENERO
Jueves

10

ENERO
Viernes

11

ENERO
Sábado

¿SABÍAS QUE...

Sara Seager, cuando era niña, pasaba horas mirando porciones del cielo sin estrellas? Dijo que allí podrían existir otros mundos habitados. Hoy en día, su trabajo es buscar vida extraterrestre fuera del sistema solar. En su estudio colgó los pósters de muchos planetas: coloridos, fríos, cálidos, ¡muy lejanos!

12

ENERO

Domingo

13

ENERO
Lunes

14
ENERO
Martes

15
ENERO
Miércoles

16

ENERO
Jueves

FELIZ CUMPLEAÑOS
MICHELLE OBAMA

17
ENERO
Viernes

18

ENERO
Sábado

19

ENERO
Domingo

  ¿SABÍAS QUE...

Margherita Hack era vegetariana? No solo amaba las estrellas, sino también a los animales y, desde muy joven, se negó categóricamente a comer carne.

20

ENERO
Lunes

21

ENERO
Martes

22

ENERO
Miércoles

23

ENERO
Jueves

Describe tu planeta ideal.
Número de soles y lunas, flora, fauna, leyes por las que se rige...

_____

_____

_____

_____

_____

_____

_____

_____

_____

24
ENERO
Viernes

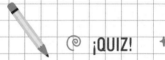

¡QUIZ!

Cuando el astronauta John Glenn tuvo que orbitar alrededor de la Tierra, le pidió ayuda a Katherine Johnson:

a Para hacerse un sándwich extra.

b Para prestarle una calculadora para recalcular la órbita.

c Para rehacer las cuentas de la computadora a mano.

(respuesta: c)

25

ENERO
Sábado

FELIZ CUMPLEAÑOS
ELLEN DEGENERES

26
ENERO
Domingo

27

ENERO
Lunes

28

ENERO
Martes

29
ENERO
Miércoles

FELIZ CUMPLEAÑOS
OPRAH WINFREY

NIÑAS REBELDES

30
ENERO
Jueves

«Si las mujeres en Rusia pueden trabajar para los ferrocarriles, ¿por qué no pueden volar al espacio?».

VALENTINA TERESHKOVA
(cosmonauta)

31

ENERO
Viernes

FEBRERO

CHICAS VALIENTES

«MIENTRAS VIVA, TENDRÉ CONTROL SOBRE MI PROPIO SER».

ILUSTRACIÓN DE MONICA GARWOOD

ARTEMISIA GENTILESCHI

Artemisia Gentileschi tuvo que afrontar mil dificultades para convertirse en pintora: sus colegas varones no creían en ella, y su maestro la importunaba. La fama llegó mucho después de su muerte. Antes de ella, las mujeres eran representadas en las pinturas como asustadas e inseguras. En sus obras, en cambio, comenzaron a ser fuertes y valientes.

NOTAS

_____

_____

_____

_____

FELIZ CUMPLEAÑOS
LEYMAH GBOWEE

01
FEBRERO
Sábado

02

FEBRERO

Domingo

03

FEBRERO
Lunes

¿SABÍAS QUE...

hubo un tiempo en que Nadia Murad soñaba con ser estilista de
novias en su aldea iraquí? Pero después de ser secuestrada por
militares del Estado Islámico, se convirtió en activista contra la
violencia y, con 24 años, ganó el Premio Nobel de la Paz.

04

FEBRERO
Martes

05

FEBRERO
Miércoles

GRACE SE CONVIRTIÓ EN UNA EXCELENTE NAVEGANTE PERO QUERÍA MÁS AVENTURAS: ¡PESCAR Y CARGAR BARCOS ERA ABURRIDO!

06

FEBRERO
Jueves

07
FEBRERO
Viernes

¿SABÍAS QUE...

hoy es el Día Mundial Contra el Acoso Escolar?
Alfonsina Strada fue objeto de burlas porque era
la única mujer que andaba en bicicleta, pero su
pasión aumentó. ¡Nunca renuncies a lo que amas!

08

FEBRERO
Sábado

09

FEBRERO
Domingo

10

FEBRERO
Lunes

«Una mujer sin un hombre es como
un pez sin bicicleta».

GLORIA STEINEM
(activista)

11

FEBRERO
Martes

12

FEBRERO
Miércoles

De todas las mujeres que conozco, la que más me inspira es...

_____

_____

_____

_____

_____

_____

_____

_____

_____

_____

13

FEBRERO
Jueves

14

FEBRERO
Viernes

15

FEBRERO
Sábado

«A la parte femenina del género humano le
ha llegado el momento de asumir un papel protagonista en
la gestión del planeta».

RITA LEVI MONTALCINI
(científica)

16

FEBRERO
Domingo

17

FEBRERO
Lunes

18
FEBRERO
Martes

FELIZ CUMPLEAÑOS

YOKO ONO

19

FEBRERO
Miércoles

20

FEBRERO
Jueves

FELIZ CUMPLEAÑOS

NINA SIMONE

21

FEBRERO
Viernes

¿Cuál fue tu primer gran logro?

_____

_____

_____

_____

_____

_____

_____

_____

_____

_____

22

FEBRERO
Sábado

23

FEBRERO

Domingo

FELIZ CUMPLEAÑOS
MERRITT MOORE

24
FEBRERO
Lunes

25
<u>FEBRERO</u>
<u>Martes</u>

26
FEBRERO
Miércoles

«A los veinte años, estaba convencida de que estaba
en desventaja, ahora me siento feliz de haber nacido mujer».

SIMONE VEIL
(política)

27

FEBRERO
Jueves

28

FEBRERO
Viernes

29
FEBRERO
Sábado

MARZO

LIBERTAD

«SI PARECE IMPOSIBLE, ENTONCES SE PUEDE HACER».

ILUSTRACIÓN DE
CRISTINA PORTOLANO

BEATRICE VIO

Cuando, a la edad de once años, Bebe Vio perdió sus brazos y piernas debido a la meningitis, tuvo que volver a aprender a realizar los gestos más simples.
Le habían dicho que sería imposible reanudar la esgrima, pero ella no se dio por vencida y hoy es campeona paralímpica.

NOTAS

_____

_____

_____

_____

¿SABÍAS QUE...

cuando Emma Bonino entró en el Parlamento a la edad
de 28 años, un colega le dijo en su primer día de trabajo:
«¡Qué elegante eres!»? Ella se enojó, porque no había entrado
en política para ser guapa, sino para ser fuerte.

02

MARZO
Lunes

03

MARZO

Martes

¡Diseña tu tatuaje rebelde!

FELIZ CUMPLEAÑOS
BEATRICE VIO

04

MARZO
Miércoles

05

MARZO
Jueves

FELIZ CUMPLEAÑOS
YUSRA MARDINI

NIÑAS REBELDES

FELIZ CUMPLEAÑOS
VALENTINA TERESHKOVA

06
MARZO
Viernes

✎ **¡QUIZ!**

Carmen Amaya fue la primera bailarina de flamenco en:

a Bailar con pantalones y chaqueta bolero.

b Bailar sin pareja.

c Bailar después de comer seis platos de paella.

(respuesta: a)

07

MARZO
Sábado

08

MARZO
Domingo

MARZO
Lunes

FELIZ CUMPLEAÑOS
KATE SHEPPARD

10
MARZO
Martes

¿SABÍAS QUE...

Qiu Jin decidió convertirse en revolucionaria después
de descubrir que la práctica china de envolver
los pies de las niñas era violencia?

11

MARZO
Miércoles

MARZO
Jueves

MATRIMONIO (¡PUAJ!)

EL DÍA QUE GRACE CUMPLIÓ 16 AÑOS, SU PADRE TOMÓ UNA DECISIÓN.

TE ENCONTRÉ UN MARIDO. ¡SE LLAMA DÓNAL!

¡PERO TENGO 16 AÑOS!

¡ES EL JEFE DE UN CLAN IMPORTANTE Y DEBES ACEPTARLO!

13

MARZO
Viernes

¿SABÍAS QUE...

Georgia O'Keeffe, además de inventar un estilo pictórico,
inauguró la moda feminista? Rechazó el incómodo corsé.
Usaba pañuelos similares a lienzos abstractos o
sombreros de vaquero. Llevaba zapatos planos y túnicas blancas
que la hacían parecer un fantasma volando por su rancho.

MARZO
Domingo

14
MARZO
Sábado

FELIZ CUMPLEAÑOS

SIMONE BILES

16

MARZO
Lunes

17
MARZO
Martes

«Eres hermosa. Está bien ser peculiar. Está bien ser
tímida. No necesitas ser igual que los demás».

ALEK WEK
(modelo)

18

MARZO
Miércoles

19

MARZO
Jueves

20
MARZO
Viernes

21

MARZO

Sábado

Mis puntos fuertes son...

_____

_____

_____

_____

_____

_____

_____

_____

_____

_____

22

MARZO
Domingo

  ¿SABÍAS QUE...

Isadora Duncan, bailarina, odiaba el rigor de la danza clásica y enseñaba a los niños a no copiar movimientos, sino a inventarlos? Pensó que las mujeres deberían ser como su baile: libres y salvajes.

23

MARZO
Lunes

24
MARZO
Martes

25

MARZO
Miércoles

26

MARZO
Jueves

«Cuántas preocupaciones desaparecen cuando
se decide ser alguien en vez de algo».

COCO CHANEL
(diseñadora de moda)

27

MARZO
Viernes

28

MARZO
Sábado

29

MARZO
Domingo

30

MARZO
Lunes

31

MARZO

Martes

ABRIL

REVOLUCIONARIAS

«NO TENGAS MIEDO DE VIVIR».

ILUSTRACIÓN DE SARAH MAZZETTI

ANITA GARIBALDI

Anita Garibaldi se unió a un grupo de revolucionarios y luchó por la democracia en Brasil. Cuando se enamoró de Giuseppe Garibaldi, lo acompañó a donde fuera que se librara una batalla justa. Cabalgó furiosamente y cruzó ríos desbordados cuando estaba embarazada de siete meses, y nunca dejó de luchar por la libertad.

NOTAS

_____

_____

_____

_____

01
ABRIL
Miércoles

¿SABÍAS QUE...

Claudia Ruggerini, partisana, durante la dictadura
fascista recorría las calles distribuyendo un
periódico secreto contra el régimen? Su nombre
en clave era Marisa. ¿Cuál es el tuyo?

02

ABRIL
Jueves

FELIZ CUMPLEAÑOS
JANE GOODALL

03

ABRIL
Viernes

04
ABRIL
Sábado

05
ABRIL
Domingo

06

ABRIL
Lunes

07

ABRIL
Martes

«Un día lo reconstruiré todo».

GAE AULENTI
(arquitecta y diseñadora)

08

ABRIL

Miércoles

09

ABRIL
Jueves

FELIZ CUMPLEAÑOS
MAYA GABEIRA

10

ABRIL
Viernes

¿SABÍAS QUE...

Hortensia vivió en la época de la antigua Roma
y fue la primera mujer en oponerse, con un discurso
brillante, a la exclusión de las mujeres de la política?

11

ABRIL
Sábado

12
ABRIL
Domingo

13

ABRIL
Lunes

14

ABRIL
Martes

¡QUIZ!

Pauline Léon fue una revolucionaria francesa que participó en la toma de la Bastilla con un grupo de personas llamadas «*sans culottes*» porque:

a   No eran afortunados.

b   No llevaban ropa interior.

c   No llevaban los lujosos pantalones de seda de los nobles, sino pantalones de paño.

(respuesta: c)

15

ABRIL
Miércoles

FELIZ CUMPLEAÑOS
CORRIE TEN BOOM

16

ABRIL
Jueves

¿Alguna vez has sido testigo de una injusticia?
¿Y qué hiciste para remediarla?

_____

_____

_____

_____

_____

_____

_____

_____

_____

_____

_____

17
ABRIL
Viernes

18
ABRIL
Sábado

19

ABRIL
Domingo

  ¿SABÍAS QUE...

Sonia Sotomayor fue la primera mujer hispana en
ser juez de la Corte Suprema de Estados Unidos?
También abordó la legalización de los matrimonios
entre personas del mismo sexo.

20
ABRIL
Lunes

21

ABRIL
Martes

22
ABRIL
Miércoles

23
ABRIL
Jueves

24

ABRIL
Viernes

25

ABRIL
Sábado

26

ABRIL
Domingo

FELIZ CUMPLEAÑOS
SAMANTHA CRISTOFORETTI

27

ABRIL
Lunes

«Nuestra madre no hizo nada más que repetirnos
a las tres hermanas: cuando sean mayores, continúen
estudiando y encuentren un buen trabajo».

SIMONE VEIL
(politica)

28
ABRIL
Martes

29

ABRIL
Miércoles

30
ABRIL
Jueves

MAYO

¡SALVEMOS EL PLANETA!

«SER UNA MAMBA NEGRA SIGNIFICA SER UNA MUJER FUERTE Y DURA».

ILUSTRACIÓN DE ALICE BENIERO

LAS MAMBAS NEGRAS

Las Mambas negras, que significa «serpientes negras», protegían a los rinocerontes sudafricanos de los cazadores furtivos armadas solo con espray de pimienta. Consiguieron sobrevivir en la sabana, encontrar trampas y no ser atacadas por leones y hienas. Gracias a su trabajo, hoy la caza de rinocerontes en el Parque Nacional Kruger ha sido derrotada.

NOTAS

_____

_____

_____

_____

01
MAYO
Viernes

02

MAYO
Sábado

03

MAYO
Domingo

04

MAYO

Lunes

FELIZ CUMPLEAÑOS

AUDREY HEPBURN

05

MAYO
Martes

06
MAYO
Miércoles

08

MAYO
Viernes

09

MAYO
Sábado

  ¿SABÍAS QUE...

Beatrix Potter encontró inspiración para sus
historias de conejos en la campiña escocesa?
Antes de morir, ella logró salvaguardar esas
tierras al comprarlas y cederlas al Estado.

10
MAYO
Domingo

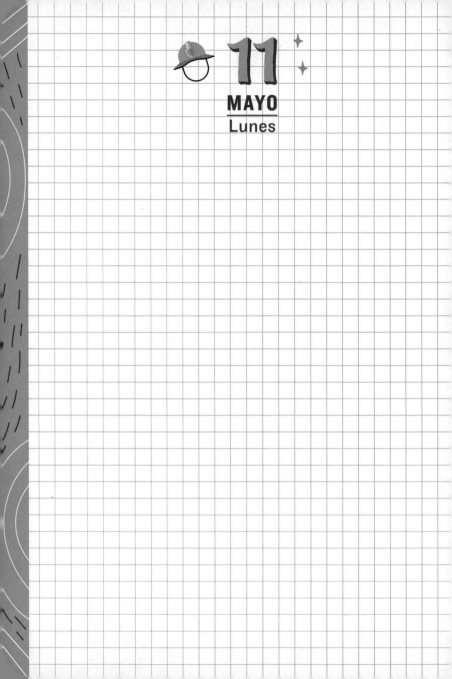

11

MAYO
Lunes

12

MAYO
Martes

13
MAYO
Miércoles

14

MAYO
Jueves

«Cada vez que arrasan con un bosque,
perdemos un enorme laboratorio».

AMEENAH GURIB-FAKIM
(presidenta y científica)

15
MAYO
Viernes

16

MAYO
Sábado

17

MAYO
Domingo

FELIZ CUMPLEAÑOS
JESSICA WATSON

18
MAYO
Lunes

Dibuja los animales
que te gustaría salvar.

19

MAYO
Martes

20
MAYO
Miércoles

FELIZ CUMPLEAÑOS
MARY ANNING

21
MAYO
Jueves

¡QUIZ!

Marie Tharpe, con su mapa del fondo del océano, demostró:

a Que el fondo marino no era llano.

b Que el océano era más profundo de lo que se suponía.

c La teoría de la deriva continental.

(respuesta: c)

22
MAYO
Viernes

MAYO
Sábado

24
MAYO
Domingo

25

MAYO
Lunes

Sal por tu colonia con un cuaderno y, como una auténtica reportera, documenta al menos tres cosas que podrían cambiarse para mejorar la vida de las personas.

_____

_____

_____

_____

_____

_____

_____

_____

_____

26
MAYO
Martes

27

MAYO
Miércoles

FELIZ CUMPLEAÑOS
RACHEL CARSON

NIÑAS REBELDES

28
MAYO
Jueves

 ¿SABÍAS QUE...

en mayo se celebra el Día Mundial de los Bomberos?
En Nueva York, en la calle 51, está el primer cuerpo
de bomberos femenino.
Sarinya Srisakul, contra los deseos de su padre,
se convirtió en la primera bombera asiática de Nueva York.

29
MAYO
Viernes

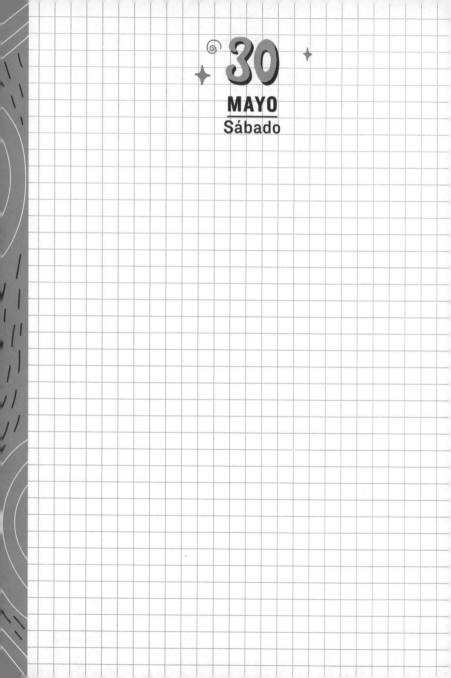

30

MAYO
Sábado

31
MAYO
Domingo

JUNIO
LA VIDA EN LA PLAYA

«NO PUEDES CAMBIAR LAS CONDICIONES. SIMPLEMENTE HAY QUE LIDIAR CON ELLAS».

ILUSTRACIÓN DE KATHRIN HONESTA

JESSICA WATSON

Cuando tenía dieciséis años, Jessica Watson tomó una decisión: daría la vuelta al mundo en un velero, sola y sin parar. Pintó su barco de un hermoso color rosa brillante. Se enfrentó a olas tan altas como rascacielos, observó ballenas azules y contempló las estrellas fugaces desde su barco. Miles de personas corrieron a saludarla cuando regresó.

NOTAS

_____

_____

_____

_____

01

JUNIO
Lunes

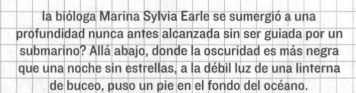

¿SABÍAS QUE...

la bióloga Marina Sylvia Earle se sumergió a una profundidad nunca antes alcanzada sin ser guiada por un submarino? Allá abajo, donde la oscuridad es más negra que una noche sin estrellas, a la débil luz de una linterna de buceo, puso un pie en el fondo del océano.

02
JUNIO
Martes

03

JUNIO
Miércoles

04

JUNIO
Jueves

05

JUNIO
Viernes

¿SABÍAS QUE...

una ama de casa, llamada Jeanne Baret, se disfrazó de hombre y se convirtió en la primera mujer en la historia en dar la vuelta al mundo? En sus viajes, se detuvo en Río de Janeiro, Brasil, donde encontró una planta trepadora de colores brillantes que luego fue llamada en honor del capitán del barco: Bougainville.

06

JUNIO
Sábado

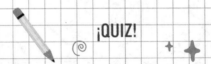

¡QUIZ!

Después de haber amado a más de un pirata, Anne Bonny conoció a la pirata Mary Read y:

a Juntas decidieron rendirse ante la ley.

b Abrieron una tienda de ropa pirata.

c Se hicieron inseparables y tomaron el mando de un barco llamado *Venganza*.

(respuesta: c)

07

JUNIO
Domingo

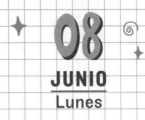

08

JUNIO
Lunes

«Quiero ser un orgullo para todos los refugiados».

YUSRA MARDINI
(nadadora)

09
JUNIO
Martes

10
JUNIO
Miércoles

11
JUNIO
Jueves

12
JUNIO
Viernes

13
JUNIO
Sábado

14
JUNIO
Domingo

¿SABÍAS QUE...

la surfista brasileña Maya Gabeira surfeó una ola de catorce
metros de altura, la más alta en la historia del surf femenino?
Cinco años después, batió su propio récord al cabalgar una ola
de veinte metros ante la costa de Portugal.

15
JUNIO
Lunes

16
JUNIO
Martes

17
JUNIO
Miércoles

FELIZ CUMPLEAÑOS
VENUS WILLIAMS

18
JUNIO
Jueves

19
JUNIO
Viernes

20
JUNIO
Sábado

21

JUNIO
Domingo

«Bajo el hielo, no hay lugar para el miedo, no hay lugar para el pánico, no hay lugar para los errores».

JOHANNA NORDBLAD
(buceadora bajo hielo)

22

JUNIO
Lunes

NIÑAS REBELDES

FELIZ CUMPLEAÑOS
WILMA RUDOLPH

23
JUNIO
Martes

24
JUNIO
Miércoles

25
JUNIO
Jueves

FELIZ CUMPLEAÑOS
SONIA SOTOMAYOR

26
JUNIO
Viernes

FELIZ CUMPLEAÑOS
HELEN KELLER

27
JUNIO
Sábado

28
JUNIO
Domingo

«Mantengo una imagen mental
de la orilla mientras nado».

FLORENCE CHADWICK
(nadadora)

29

JUNIO
Lunes

30

JUNIO
Martes

JULIO

CAMPEONAS

«A TODAS LAS NIÑAS DEL MUNDO: CREAN EN USTEDES MISMAS, PORQUE SI NO LO HACEN, NADIE MÁS LO HARÁ».

ILUSTRACIÓN DE
ANNALISA VENTURA

MARTA VIEIRA DA SILVA

Marta Vieira da Silva nació en Brasil, el país del futbol. Sin embargo, las cosas no fueron fáciles para ella, porque el futbol era considerado un deporte masculino. Pero Marta era tan buena haciendo fintas con la pelota, y tan obstinada, que hoy lleva la camiseta número 10 de su equipo nacional y todos la llaman «Pelé con falda».

NOTAS

_____

_____

_____

_____

01

JULIO
Miércoles

 ¿SABÍAS QUE...

cuando Lella Lombardi comenzó a conducir la
camioneta de su padre para entregar los salamis, sus
padres no se imaginaron que ella sería ¡la primera mujer
en clasificarse en una carrera de Fórmula Uno!?

02
JULIO
Jueves

03
JULIO
Viernes

04
JULIO
Sábado

05
JULIO
Domingo

06
JULIO
Lunes

FELIZ CUMPLEAÑOS
FRIDA KAHLO

07
JULIO
Martes

NIÑAS REBELDES

08
JULIO
Miércoles

09
JULIO
Jueves

 ¿SABÍAS QUE...

de niña, Lorena Ochoa se rompió ambos brazos? A Lorena
le encanta decir que en el yeso le habían puesto un poco
de magia, y por eso se convirtió en campeona de golf.
La realidad es que todo el mérito es suyo.

10
JULIO
Viernes

11
JULIO
Sábado

FELIZ CUMPLEAÑOS
MALALA YOUSAFZAI

12
JULIO
Domingo

13
JULIO
Lunes

14

JULIO
Martes

15

JULIO
Miércoles

16
JULIO
Jueves

17
JULIO
Viernes

18

JULIO
Sábado

19

JULIO
Domingo

«Papá, quiero una raqueta.
Quiero jugar tenis como tú».

STEFFI GRAF
(tenista)

20

JULIO
Lunes

21

JULIO
Martes

¿SABÍAS QUE...

**Sky Brown es la skater más joven del mundo?
Es japonesa, y sueña con participar en los
Juegos Olímpicos de Tokio 2020.**

22
JULIO
Miércoles

23
JULIO
Jueves

FELIZ CUMPLEAÑOS

AMELIA EARHART

24
JULIO
Viernes

25
JULIO
Sábado

26

JULIO
Domingo

 ¡QUIZ!

Como ni su tío ni su prometido querían llevarla en avión, Lilian Bland:

a. Decidió dedicarse a la costura.

b. Dejó a su novio.

c. ¡Construyó un planeador ella sola!

(respuesta: c)

27

JULIO
Lunes

28
JULIO
Martes

29
JULIO
Miércoles

30

JULIO
Jueves

31

JULIO
Viernes

FELIZ CUMPLEAÑOS

J.K. ROWLING

PARA LEER...

_____

_____

_____

_____

_____

_____

_____

_____

_____

_____

...DURANTE EL VERANO

_____

_____

_____

_____

_____

_____

_____

_____

_____

_____

NO OLVIDAR

¿Qué?

¿Cuándo?

NO OLVIDAR

¿Qué?	¿Cuándo?

NO OLVIDAR

¿Qué?	¿Cuándo?

NO OLVIDAR

¿Qué?   ¿Cuándo?

AGOSTO

¡REGRESO A CLASES!

«NO SIGAS EL CAMINO. VE ADONDE NO HAY CAMINO Y COMIENZA A HACERLO».

ILUSTRACIÓN DE GIULIA TOMAI

RUBY NELL BRIDGES

Ruby Nell Bridges fue la primera niña negra en asistir a una escuela para blancos. Su primer día fue muy desagradable: la esperaba una turba iracunda gritando consignas racistas. ¡Ruby necesitó dos policías para entrar! Desde el primer día demostró que era una estudiante excelente y de grande se convirtió en una activista por los derechos civiles.

NOTAS

_____

_____

_____

_____

01

AGOSTO
Sábado

«Mantente abierta a aprender cosas nuevas, incluso si son contradictorias con lo que aprendiste ayer».

ELLEN DEGENERES
(comedianta y presentadora de televisión)

02
AGOSTO
Domingo

03
AGOSTO
Lunes

04
AGOSTO
Martes

05
AGOSTO
Miércoles

06
AGOSTO
Jueves

07
AGOSTO
Viernes

FELIZ CUMPLEAÑOS
MATA HARI

08
AGOSTO
Sábado

09
AGOSTO
Domingo

10
AGOSTO
Lunes

11
AGOSTO
Martes

NIÑAS REBELDES

12
AGOSTO
Miércoles

13
AGOSTO
Jueves

14
AGOSTO
Viernes

15
AGOSTO
Sábado

FELIZ CUMPLEAÑOS
JULIA CHILD

FELIZ CUMPLEAÑOS

MADONNA

16
AGOSTO
Domingo

17
AGOSTO
Lunes

¿SABÍAS QUE...

J. K. Rowling, la autora de Harry Potter, tuvo que enfrentarse con sus padres para poder estudiar latín? Gracias a ese idioma, más tarde pudo inventar hechizos como *Lumos* o *Petrificus totalus*, que cambiaron su vida.

18
AGOSTO
Martes

19
AGOSTO
Miércoles

FELIZ CUMPLEAÑOS
COCO CHANEL

20
AGOSTO
Jueves

¿SABÍAS QUE...

la neuropsicóloga Brenda Milner descubrió que incluso
las personas que no tienen memoria pueden aprender?
Eso ocurre gracias a la capacidad del cerebro de adquirir
nuevas formas por la repetición de gestos. ¡Esta es también
la razón por la que se puede aprender a cualquier edad!

21
AGOSTO
Viernes

22
AGOSTO
Sábado

23
AGOSTO
Domingo

24
AGOSTO
Lunes

@ ¡QUIZ! ✦ ✦

Maryam Mirzakhani llegó a ser una genio de las matemáticas:

a Porque era muy buena con los números y no necesitaba estudiar.
b Porque su hermano le enseñó todos los trucos.
c Porque era una estudiante muy, muy tenaz.

(respuesta: b)

25
AGOSTO
Martes

26
AGOSTO
Miércoles

27
AGOSTO
Jueves

«Aprende de los errores de los demás.
No vivirás lo suficiente como para cometerlos todos tú misma».

ELEANOR ROOSEVELT
(activista y primera dama de Estados Unidos)

28
AGOSTO
Viernes

29
AGOSTO
Sábado

30

AGOSTO
Domingo

31

AGOSTO
Lunes

TEST
¿QUÉ TIPO DE NIÑA REBELDE ERES?

I. SI PUDIERA LLEVARME SOLO UNA COSA A UNA ISLA DESIERTA SERÍA...

- a mis nervios de acero.
- b mi guitarra eléctrica.
- c un silbato para aves.
- d mi traje de exploradora.

2. TODOS ME BUSCAN CUANDO SE TRATA DE...

- a resolver una discusión.
- b crear algo bello.
- c hacer crecer una planta.
- d reparar objetos.

3. MI PEOR DEFECTO ES...

- a siempre quiero mandar.
- b estoy con la cabeza en las nubes.
- c la rareza.
- d la inconsciencia.

4. EN MI HABITACIÓN PUEDES ENCONTRAR...

- a autógrafos de muchas celebridades.
- b partituras y letras de canciones.
- c libros sobre animales.
- d planisferio y mapamundi.

5. QUIERO VIVIR...

a. en donde viven los presidentes.
b. en un teatro.
c. en la selva amazónica.
d. en todas partes.

6. MI MEJOR AMIGA...

a. es mi mano derecha.
b. está loca como yo.
c. tiene un perrito adorable.
d. yo soy mi mejor amiga.

7. DE MAYOR...

a. nadie pasará por encima de mí.
b. voy a cultivar mi talento.
c. protegeré el planeta.
d. voy a descubrir un nuevo continente.

8. SI TUVIERA LA LÁMPARA DEL GENIO...

a. desearía que el mundo fuera un lugar más justo.
b. le pediría boletos para un concierto de rock.
c. salvaría especies en peligro de extinción.
d. el genio me pediría ayuda.

MAYORÍA DE RESPUESTAS

a Eres HILLARY CLINTON, una política nata. Te importa el destino de tu país, y también el de América Latina y el mundo. Cuando te enfrentas a la injusticia, pierdes la paciencia. ¡Eres muy ambiciosa y con mucho gusto cambiarías tu postre por el VOTO de un ciudadano! Serás una excelente presidenta de la sociedad de alumnos.

b Eres JOAN JETT, una disruptiva estrella del rock. Cuando escuchas música, no puedes quedarte quieta. Tu cuerpo se mueve como sacudido por una descarga eléctrica, tienes una voz loca y eres capaz de hacer música incluso con un estuche de metal. Tus padres duermen con tapones para los oídos, pero un día alguien pagará por escucharte.

c Eres JANE GOODALL, la amiga de los chimpancés. Cuando tenías un año, le pediste a Santa Claus tortugas, gatos y loros. Tienes la habitación llena de peluches de osos pandas y con gusto te mudarías a África mañana mismo. Tienes que ser paciente, pero la Tierra necesita científicos como tú, y un día te lo agradecerá.

d Eres AMELIA EARHART, la comandante de los cielos. No le tienes miedo a las alturas, y siempre has preferido los juegos de construcción a las muñecas. Ingeniosa e intrépida, podrías convertirte en piloto o exploradora. Solo tienes que convencer a tus padres de que te consigan un pasaporte y te compren un avión. ¡En sus marcas, listas, fuera!

SEPTIEMBRE

CULTURAS INDÍGENAS

«LA ÚNICA LUCHA
QUE SE PIERDE ES
AQUELLA QUE SE
ABANDONA».

**ILUSTRACIÓN DE
DEBORA GUIDI**

RIGOBERTA MENCHÚ

El pueblo de Rigoberta
había sido sometido y
privado de los derechos
humanos. Pero ella se
rebeló contra el gobierno
impulsando huelgas y dando
discursos inflamados.
Aunque no tenía estudios,
Rigoberta defendió a los
oprimidos de Guatemala y
de todo el mundo, y obtuvo
el Premio Nobel de la Paz.

NOTAS

_____

_____

_____

_____

01.

SEPTIEMBRE
Martes

¡QUIZ!

La cheyene que se lanzó a la batalla para defender las tierras de los nativos americanos de los colonos se llamaba:

a Mujer Ternero de Búfalo del Camino.

b Camino del Ternero de Búfalo y Mujer.

c Ternero Búfalo de la Mujer en el Camino.

(respuesta: a)

02

SEPTIEMBRE
Miércoles

.03.
SEPTIEMBRE
Jueves

.04.
SEPTIEMBRE
Viernes

FELIZ CUMPLEAÑOS
BEYONCÉ

05

SEPTIEMBRE
Sábado

06

SEPTIEMBRE
Domingo

07
SEPTIEMBRE
Lunes

08
SEPTIEMBRE
Martes

«Allá donde vaya, llevo conmigo esta flor para recordarle a la gente que las mujeres indígenas somos así: naturales, hermosas y fuertes».

EUFROSINA CRUZ
(activista y política)

09
SEPTIEMBRE
Miércoles

FELIZ CUMPLEAÑOS

MISTY COPELAND

10
SEPTIEMBRE
Jueves

11
SEPTIEMBRE
Viernes

12
SEPTIEMBRE
Sábado

13

SEPTIEMBRE
Domingo

14

SEPTIEMBRE
Lunes

15
SEPTIEMBRE
Martes

16
SEPTIEMBRE
Miércoles

¿SABÍAS QUE...

en un tiempo no muy lejano, en Australia,
los niños aborígenes eran secuestrados y condenados
a la servidumbre? Pero tres chicas llamadas Molly,
Daisy y Gracey lograron escapar y cruzaron
Australia de norte a sur para regresar a casa.

17

SEPTIEMBRE
Jueves

18
SEPTIEMBRE
Viernes

19

SEPTIEMBRE
Sábado

FELIZ CUMPLEAÑOS
SOPHIA LOREN

20

SEPTIEMBRE
Domingo

21
SEPTIEMBRE
Lunes

22
SEPTIEMBRE
Martes

 ¿SABÍAS QUE...

el dictador de República Dominicana pensó
que las chicas hermosas estaban hechas solo para
bailar con él? Pero cuatro tremendas hermanas,
de apellido Mirabal, se negaron a bailar y se
convirtieron en valientes oponentes al régimen.

23

SEPTIEMBRE
Miércoles

24
SEPTIEMBRE
Jueves

25
SEPTIEMBRE
Viernes

¿SABÍAS QUE...

Celia Cruz, la cantante cubana que llevó la salsa a todo el mundo, de niña cantaba las canciones de la santería, una religión practicada por los descendientes de esclavos africanos en Cuba? ¡Estaba muy orgullosa de sus orígenes!

FELIZ CUMPLEAÑOS
SERENA WILLIAMS

26
SEPTIEMBRE
Sábado

¿Cuál ha sido tu materia favorita? ¿Cómo puedes hacer de ella un arma ganadora para tu futuro?

27

SEPTIEMBRE

Domingo

28

SEPTIEMBRE
Lunes

SEPTIEMBRE
Martes

30
SEPTIEMBRE
Miércoles

«Para un indio, el oro del sol basta y sobra».

VIOLETA PARRA
(compositora y cantante)

OCTUBRE
CHICAS MÁGICAS

«QUEDÉ FASCINADA CON LA IDEA DE TOCAR EN EL AIRE».

ILUSTRACIÓN DE CRISTINA SPANÒ

CLARA ROCKMORE

Clara Rockmore fue una niña prodigio del violín, pero una debilidad en el brazo interrumpió su carrera. Después del disgusto inicial, Clara descubrió el theremín, un instrumento que sonaba al mover las manos en el aire. Se convirtió en la thereminista más famosa del mundo y pionera de la música electrónica.

NOTAS

_____

_____

_____

_____

01

OCTUBRE
Jueves

02

OCTUBRE
Viernes

¿SABÍAS QUE...

hoy es el **Día Mundial de la Danza**? Merritt Moore
era una niña que amaba la ciencia y la danza y logró
combinar sus dos pasiones en un ballet sobre
física cuántica. ¡Búscalo en Youtube!

03

OCTUBRE
Sábado

EL GOBERNADOR CRUEL

LORD BINGHAM LLEGÓ A IRLANDA Y EMPEZÓ A MATAR GENTE. PERO GRACE Y SU EJÉRCITO LO COMBATIERON FEROZMENTE.

EN VENGANZA, BINGHAM RAPTÓ A TIBOID, EL HIJO DE GRACE.

¡SÁLVAME, MAMÁ!

FELIZ CUMPLEAÑOS

YEONMI PARK

.04

OCTUBRE

Domingo

05

OCTUBRE
Lunes

06
OCTUBRE
Martes

¿SABÍAS QUE...

Hedy Lamarr estuvo casada con un rico fabricante de armas?
Pero un día logró huir y se convirtió en una estrella de Hollywood.
No contenta con eso, ¡también inventó un sistema similar al actual
Wi-Fi para sabotear las comunicaciones por radio de los nazis!

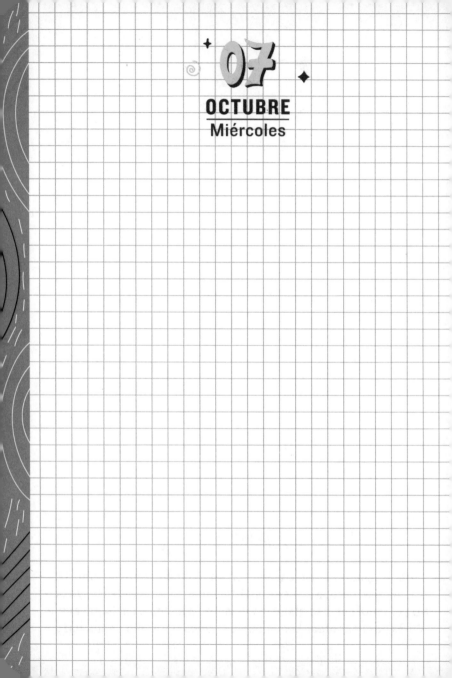

07

OCTUBRE
Miércoles

08

OCTUBRE
Jueves

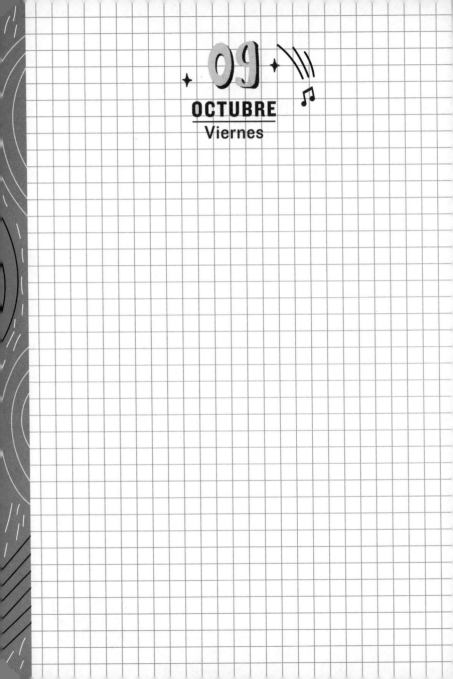

09

OCTUBRE
Viernes

10
OCTUBRE
Sábado

11

OCTUBRE

Domingo

· 12 ·
OCTUBRE
Lunes

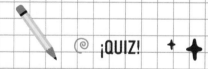

¡QUIZ!

Nefertiti desapareció y se cree que:

a Cansada de reinar, abrió un pequeño negocio de artesanías.

b Se transformó en un gato.

c Comenzó a vestirse de hombre y siguió reinando en Egipto bajo el nombre de Semenejkara.

(respuesta: c)

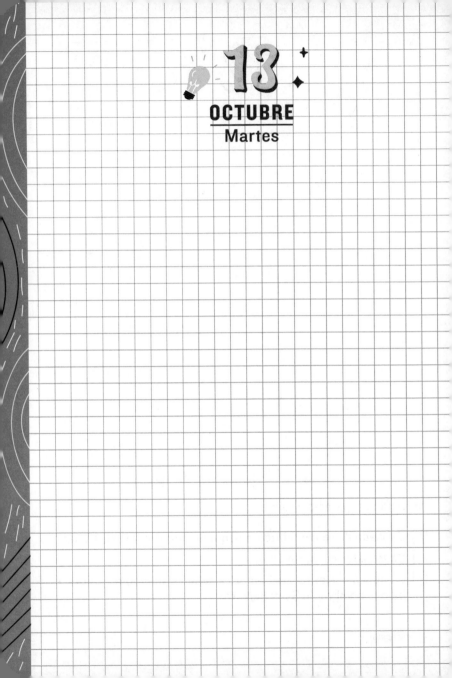

13

OCTUBRE
Martes

14

OCTUBRE
Miércoles

15

OCTUBRE

Jueves

OCTUBRE
Viernes

Entrevista a dos compañeras de clase: ¿qué quieren ser de grandes?

_____

_____

_____

_____

_____

_____

_____

_____

_____

_____

FELIZ CUMPLEAÑOS

MAE JEMISON

17

OCTUBRE
Sábado

18

OCTUBRE
Domingo

19
OCTUBRE
Lunes

¿SABÍAS QUE... ✦ ✦

Marina Abramović ha conseguido convertir en una forma de arte su capacidad para mirar a la cara a la gente y hacerla llorar?

20
OCTUBRE
Martes

FELIZ CUMPLEAÑOS
AMNA AL HADDAD

21
OCTUBRE
Miércoles

22
OCTUBRE
Jueves

FELIZ CUMPLEAÑOS
ASHLEY FIOLEK

23
OCTUBRE
Viernes

24

OCTUBRE

Sábado

25

OCTUBRE

Domingo

26
OCTUBRE
Lunes

FELIZ CUMPLEAÑOS

HILLARY CLINTON

27

OCTUBRE
Martes

¿SABÍAS QUE...

cuando era pequeña, Oprah Winfrey entrevistaba a los cuervos y a sus muñecas? Hoy, gracias a sus entrevistas, se ha convertido en la presentadora de televisión más rica de Estados Unidos.

28
OCTUBRE
Miércoles

29

OCTUBRE
Jueves

200 CUENTOS DE MUJERES

QUE HAN CAMBIADO EL MUNDO

30

OCTUBRE
Viernes

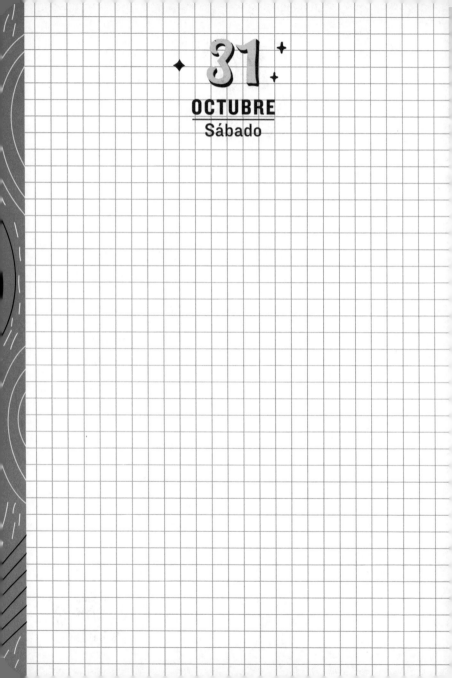

31

OCTUBRE
Sábado

NOVIEMBRE

CAZANDO LA VERDAD

«ALGUNAS VECES, LA GENTE PAGA CON LA VIDA POR DECIR EN VOZ ALTA LO QUE PIENSA».

**ILUSTRACIÓN DE
LEA HEINRICH**

ANNA POLITKOVSKAYA

Anna Politkovskaya era una periodista que amaba la verdad por encima de todo. Amigos y familiares se lo advirtieron: ¿por qué arriesgar la vida para documentar una guerra? Pero Anna no tenía miedo. Con sus historias quería servir a la humanidad. Murió orgullosa mientras hacía su trabajo.

NOTAS

_____

_____

_____

_____

FELIZ CUMPLEAÑOS
BRENDA CHAPMAN

01
NOVIEMBRE
Domingo

¿SABÍAS QUE...

a menudo, en la escuela, se escucha la palabra: «¡Silencio!»?
A veces, sin embargo, el silencio significa miedo, y entonces es
algo muy malo. Serafina Battaglia fue la primera mujer que tuvo
el coraje de rebelarse contra el poder silencioso de la mafia.
Su ejemplo nos enseña a no callar nunca ante la injusticia.

02

NOVIEMBRE

Lunes

03

NOVIEMBRE
Martes

04

NOVIEMBRE
Miércoles

05

NOVIEMBRE
Jueves

GRACE SE ENOJÓ DE VERDAD Y DECIDIÓ UTILIZAR UNA NUEVA ARMA: LAS PALABRAS. ZARPÓ DE VUELTA HACIA INGLATERRA Y ATRACÓ FRENTE AL PALACIO REAL.

LAS DOS REINAS HABLARON SOBRE LA CRUELDAD DE BINGHAM.

06

NOVIEMBRE
Viernes

 ¿SABÍAS QUE...

cuando era niña, Clemantine Wamariya, mientras huía de la
guerra sonreía a todo el mundo porque estaba convencida de
que su sonrisa sembraba una estela de perlas? Actualmente, es
escritora y ha descubierto que escribir es un arma mucho más
poderosa que su sonrisa.

07
NOVIEMBRE
Sábado

08
NOVIEMBRE
Domingo

Muchas niñas en el mundo tienen que luchar para poder ir a la escuela. Diseña tu *look* escolar.

09
NOVIEMBRE
Lunes

¿SABÍAS QUE...

para hacer su trabajo como reportera, Nellie Bly se
implicaba completamente en la investigación.
¡Una vez, para escribir sobre un psiquiátrico,
fingió estar loca y fue hospitalizada!

NOVIEMBRE
Martes

FELIZ CUMPLEAÑOS
JOHANNA NORDBLAD

11

NOVIEMBRE
Miércoles

12

NOVIEMBRE
Jueves

13

NOVIEMBRE

Viernes

14

NOVIEMBRE
Sábado

@ **¡QUIZ!**

¿Qué logro importante para las mujeres consiguió la tenista Billie Jean King?

a Que las mujeres puedan jugar con falda.

b Que el premio en efectivo de las mujeres fuera igual al de los hombres.

c Que las mujeres puedan jugar sin depilarse.

(respuesta: b)

16

NOVIEMBRE
Lunes

17

NOVIEMBRE

Martes

NOVIEMBRE
Miércoles

19

NOVIEMBRE
Jueves

20

NOVIEMBRE
Viernes

21

NOVIEMBRE
Sábado

Cuando sea más grande, miraré hacia atrás y estaré orgullosa de...

_____

_____

_____

_____

_____

_____

_____

_____

_____

_____

FELIZ CUMPLEAÑOS
BILLIE JEAN KING

22

NOVIEMBRE

Domingo

23

NOVIEMBRE
Lunes

24
NOVIEMBRE
Martes

¿SABÍAS QUE...

Vivian Maier trabajaba de niñera, pero en los paseos
con los niños sacaba la cámara y disparaba?
Sus fotos permanecieron en secreto hasta después
de su muerte, porque ella nunca le había hablado a
nadie acerca de su pasión.

25

NOVIEMBRE
Miércoles

26
NOVIEMBRE
Jueves

ENTRENA TU ESPÍRITU REBELDE

DISEÑA TU REVOLUCIÓN

27

NOVIEMBRE
Viernes

28

NOVIEMBRE
Sábado

29
NOVIEMBRE
Domingo

✦ ✦

«Creo que cuando nace un niño, si una madre pudiera
pedirle a un hada que le otorgara el regalo más útil,
ese regalo sería la curiosidad».

ELEANOR ROOSEVELT
(activista y primera dama de Estados Unidos)

30

NOVIEMBRE

Lunes

Feliz Cumpleaños

Marina Abramović

DICIEMBRE

CONQUISTA

«ESTAR EN
LA CIMA ES
MARAVILLOSO.
ES OTRO MUNDO».

**ILUSTRACIÓN DE
SARAH WILKINS**

CHOLITAS ESCALADORAS

Al principio, las cholitas escaladoras preparaban la comida para sus maridos, que escalaban las montañas. Entonces pensaron: ¿por qué no podemos subir nosotras también? Y, es más: ¿por qué no deberíamos hacerlo con nuestras faldas grandes y coloridas? Así, estas escaladoras se han convertido en un símbolo de libertad, feminidad y aventura.

NOTAS

_____

_____

_____

_____

01

DICIEMBRE
Martes

🖉 ¡QUIZ! ✦ ✦

Mary Kingsley fue:

a La primera mujer en desobedecer a su padre.

b La primera en explorar y aprender sobre ciertas regiones
   y poblaciones de África occidental.

c La primera mujer inglesa en tomar el té de las 5 en el Kilimanjaro.

(respuesta: c)

02

DICIEMBRE
Miércoles

FELIZ CUMPLEAÑOS

MARIA CALLAS

03
DICIEMBRE
Jueves

04

DICIEMBRE
Viernes

05

DICIEMBRE
Sábado

TRAS EL ENCUENTRO CON GRACE, LA REINA ORDENÓ A LORD BINGHAM QUE ABANDONARA IRLANDA PARA SIEMPRE.

¡Y GRACE O'MALLEY FUE PROCLAMADA REINA DE LOS MARES DE IRLANDA!

¡¡VIVA!!

06

DICIEMBRE
Domingo

07
DICIEMBRE
Lunes

08
DICIEMBRE
Martes

¿SABÍAS QUE...

Luo Dengping quería ser una superheroína?
Fue la primera mujer en escalar rocas desnudas
en las empinadas formaciones en
el corazón de la selva china.

09

DICIEMBRE
Miércoles

10

DICIEMBRE
Jueves

11
DICIEMBRE
Viernes

DICIEMBRE

Sábado

13

DICIEMBRE
Domingo

14
DICIEMBRE
Lunes

«Debes tener una inmensa curiosidad y la
terquedad y determinación de continuar,
a pesar de lo que digan los demás».

SARA SEAGER
(astrofísica)

DICIEMBRE
Martes

FELIZ CUMPLEAÑOS
JANE AUSTEN

16
DICIEMBRE
Miércoles

17

DICIEMBRE

Jueves

18

DICIEMBRE
Viernes

19

DICIEMBRE
Sábado

20

DICIEMBRE
Domingo

Escribe una lista de diez lugares que te gustaría explorar en tu vida.

_____

_____

_____

_____

_____

_____

_____

_____

_____

_____

21

DICIEMBRE
Lunes

  ¿SABÍAS QUE...

Jeanne Baret quería navegar por el mundo para descubrir
plantas, pero para hacerlo tuvo que vestirse de niño y
tomar el nombre de Jean? Cuando veamos una enredadera
bugambilia, debemos pensar en ella, que la descubrió
y le dio ese hermoso nombre.

22

DICIEMBRE
Martes

FELIZ CUMPLEAÑOS
MADAM CJ WALKER

23

DICIEMBRE
Miércoles

24

DICIEMBRE
Jueves

25

DICIEMBRE
Viernes

DICIEMBRE
Sábado

DICIEMBRE
Domingo

28
DICIEMBRE
Lunes

29
DICIEMBRE
Martes

30

DICIEMBRE
Miércoles

31

DICIEMBRE
Jueves

FELIZ CUMPLEAÑOS

KHOUDIA DIOP